W9-AGI-348

SOPA DE LIBROS

© Del texto: Antonio Rubio, 2001
© De las ilustraciones: Teresa Novoa, 2001
© De esta edición: Grupo Anaya, S.A., 2001
Juan Ignacio Luca de Tena, 15. 28027 Madrid
www.anayainfantilyjuvenil.com
e-mail: anayainfantilyjuvenil@anaya.es

Primera edición, octubre 2001
11.ª impr., enero 2011

Diseño: Manuel Estrada

ISBN: 978-84-667-0613-1
Depósito legal: M. 4.390/2011

Impreso en ANZOS, S.L.
La Zarzuela, 6
Polígono Industrial Cordel de la Carrera
Fuenlabrada (Madrid)
Impreso en España - Printed in Spain

Las normas ortográficas seguidas en este libro son las establecidas por la
Real Academia Española en su edición de la *Ortografía* del año 1999.

Rubio, Antonio
Versos vegetales / Antonio Rubio ; ilustraciones de Teresa
Novoa. — Madrid : Anaya, 2001
112 p. : il. n. ; 20 cm. — (Sopa de Libros ; 61)
ISBN 978-84-667-0613-1
1. Poesías infantiles. 2. Canciones. 3. Rimas infantiles.
I. Novoa, Teresa, il.
087.5:82-1

Versos vegetales

SOPA DE LIBROS

Antonio Rubio

Versos vegetales

Ilustraciones
de Teresa Novoa

A sor Carmen Álvarez,
que me enseñó las primeras letras.
A Federico Martín,
que me enseñó las penúltimas.

Prólogo

Quiero empezar justificando la dedicatoria con que se inicia este libro. Dice así:

«A sor Carmen Álvarez, que me enseñó las primeras letras...»

Mi primera maestra, en El Puente del Arzobispo (Toledo), se llamaba Sor Carmen. Era pequeña y dulce. Llevaba un hábito negro y un gorro de alas grandes y blancas. Parecía una paloma. Tenía su voz un tinte maternal, y era calmosa y cálida.

Con Sor Carmen lo cantábamos todo: las tablas, los buenos días, las oraciones, la geografía, el abecedario... Todo al compás de una chasca que ella enarbolaba en su mano para marcarnos el ritmo. Aquel grupo de niños era una orquesta de jilgueros. Y daba gusto ser jilguero a rebujo de aquellos trinos.

A diario leíamos en voz alta, de uno en uno y a coro. Y escribíamos calladitos nuestras planas, con el lápiz de punta esmerada. La escritura era silenciosa. Y olía a goma de borrar toda la escuela.

Además de regalarnos su amorosa presencia, su ritmo y sus letanías, Sor Carmen nos entregó el Alfabeto. Hoy quiero agradecerle ese preciado regalo.

«...A Federico Martín, que me enseñó las penúltimas»

Cuando fui maestro, recalé en una escuela de Leganés que se llamaba Trabenco. Estaba situada en los bajos de una cooperativa de viviendas. Allí los niños y las niñas aprendían versos de Miguel Hernández, Alberti, Machado...

Daba gloria verles recitar desde sus balcones, porque la escuela se extendía a las plazuelas del barrio. Cantar, dibujar y escribir en el aire eran sus tareas primordiales. Uno de sus maestros se llamaba Federico. Yo también quise ser su alumno.

Él llevaba sotabarba blanca, siempre algún libro en las manos y las más de las veces entonaba canciones de La Vera. Ahora vive recorriendo las escuelas de nuestra geografía, y entrega a las maestras y a los niños palabras y versos. Es el último juglar.

Federico nos entregó muchas cosas, pero hoy quiero agradecerle que me regalase otros ritmos y Alfabetos.

Mientras recuerdo a esta maestra y a este maestro pienso que quizás se deba a ellos este afán mío por inventar versos. También yo quiero llenar de versos el aire de las escuelas como ellos lo hicieron. Sé que escribir poesía es un don preciado que persigo.

Persigo encontrar aquellos sones que me regalaron, aquellos primeros ojos de asombro para mirar las cosas, y aquellos oídos atentos al ritmo y a la rima que solo tiene un niño. Y dejar que me fluyan las palabras y se ordenen como las notas de un pentagrama o la yerba de los prados. Y que las palabras se derramen con sus sílabas contadas y produzcan embeleso y deleite.

Escribir poesía para niños y niñas me procura momentos de gozo y tensiones de orfebre de la palabra, me regresa a edenes inmemoriales. Y, además, barrunto que esos versos que me brotan a veces pueden llegar a arder en la boca de un niño o una niña, y ojalá les causen asombro y fascinación.

Antonio RUBIO

CANCIONES

AMAPOLA

Amapola colorada,
mancha roja
en el camino,
¡átate tu zapatito!

Amapola colorada,
botón de sangre
entre el trigo,
¡átate tu zapatito!

Amapola colorada,
te lo digo
y lo repito:
¡átate tu zapatito!

No se te lleven
los vientos
cuando vengan
al molino.

LAS ESTACIONES DE LA HOJA

Primavera,
hoja primera,
hojita volatinera.

Verano,
besa la hoja la mano
al fruto temprano.

Otoño,
vals de la hoja
que el viento arroja.

Invierno,
hojitas de ensueño
eterno.

LUNA DE ROSAS Y ALBAHACA

A la luna redonda,
redonda y blanca,
tan calladita y muda
cuando me hablaba...

¡Le haremos dos pendientes
con rosas blancas!

A la luna de cuerno,
cuerno y espada,
tan saltarina y loca
cuando bailaba...

¡Le haremos dos zapatos
con albahaca!

BAILE DE LAS ACEITUNAS

Aceitunitas verdes
como la hierba,
el que no tenga un bosque
que no se pierda.

Las aceitunas, madre,
son de Jaén.

Aceitunitas verdes
como la hierba,
el que quiera mojarse
busque tormenta.

Las aceitunas, madre,
son de Jaén.

Aceitunitas verdes
como la hierba,
el que estrene camisa
que no la pierda.

Las aceitunas, madre,
son de Jaén.
Mi camisa bordada,
de Santander.

NANA DEL PINO PICEA

Ea, ea,
la danza de la picea.

Verde en invierno
y en primavera.
Verde y esbelta,
ea, ea.

Pájaros duermen,
pájaros sueñan,
pájaros verdes,
pájaros menta...

Rumor de trinos
en la picea.

Ea, ea.

A LA ROSA Y EL CLAVEL

A la rosa
y el clavel,
ya no te puedo querer.

A la rosa,
te desposa
un arcángel
de papel.

Al clavel.
¿Quién es él?

A la rosa.
¡Alitas de mariposa!

Él tu esposo,
tú su esposa,
y yo
¡subido al laurel!

FLORITURA MUSICAL

DO DO RE
Acércate.

RE RE MI
Hasta aquí.

MI MI FA
Dámela.

           Dame la flor,
amor.

SOL SOL LA
Tómala.

LA LA SI
Para ti.

EL POETA

Con las hojas
de la yedra
se hace trenzas
el poeta.

Y se perfuma
la barba
con madreselva.

Y se tiñe
las camisas
con rosas frescas.

Y regala
nomeolvides
a las estrellas.

CUENTOS

LO QUE DURA
UN CUENTO

El cuento
de los castaños,
dura muchos, muchos años.

El cuento
de los cipreses,
meses.

El cuento
de la manzana,
dura toda la semana.

El de la judía,
un día.

El de la mora,
una hora.

El del guisante,
un instante.

Y el de la granada,
nada.

HISTORIA DE UNA HOJA

Es la historia
de una hoja
que cuando llueve
se moja.

Llueve
y se moja.
        Llueve
        y se moja.
                Llueve
                y se moja.

¡Como se moje otra vez,
se va a convertir en pez!

ESTA HISTORIA DEL REVÉS

...Pero el pez,
si des-llueve,
se des-moja...

Se des-moja,
se des-moja,
se des-moja...

¡Y otra vez
vuelve a ser hoja!

LAS HOJAS DE OTROS LIBROS

Las hojas de los libros
de la tortuga,
son de lechuga.

Las hojas de los libros
de la cigarra,
hojas de parra.

Las hojas de los libros
del caracol,
hojas de col.

Del calamar,
algas de mar.

Del ermitaño,
de castaño.

De la lombriz,
de regaliz.

HOMENAJE A RAMÓN

Un amigo, viejo amigo,
que se llamaba Ramón
jugaba a decir las cosas
de otro modo del que son.

Decía al hablar:
—La sandía es un planeta frutal...
O
—Las nueces son cerebros de nogal...

Y Ramón no estaba
ni bien ni mal,
ni tampoco regular...
Era solo que jugaba a conjugar.

PARTES DE UNA HISTORIA

Para empezar,
una historia
de azahar.

Con la del olivo,
sigo.

Con limón,
más emoción.

Con el pimiento,
te miento.

Con castañas,
más hazañas.

Con cerezas,
más proezas.

El fin
con la del jazmín.

Y con las nueces,
más veces.

OLORES DE SEMANA SANTA

Nazareno huele a heno.
Macarena a yerbabuena.
Un monaguillo, a tomillo.
El Cristo de los Faroles,
a jabón de girasoles.
El campanero, a romero.
Un centurión, a carbón.
Otro, a potro.
Las beatas, a patatas.
Los curas, a confituras.
El civil, a perejil.
Los sacristanes, a panes...

Y algunos santos del cielo,
a membrillo y a pomelo.

POSADAS

1

—Tras, tras.
—¿Quién ha venido?
—La espiga de trigo.
—¿Quién la manda?
—La flor de lavanda.
—¿Dónde vive?
—Al pie del aljibe.
—¿Qué quiere?
—Saber quien muele.
—¿Para qué?
—Para decirle a usté
que mis trece granitos
no se van a moler.

2

—Tan, tan.
—¿Quién dice tan?
—El tulipán.
—¿Qué quiere?
—Saber cuando llueve.
—¿Por qué?
—Porque tengo sed.
—Beba del río.
—No, que me enfrío.
—Pues del regato.
—No, que me mato.
—Pues del nevero.
—No, que me muero.
—Pues de la mar.
—Está salada,
  y me puedo ahogar.

3

—Tan, tan.
—¿Quién es?
—El ciprés.
—¿Qué quiere usted?
—Leer.
—¿El qué?
—El ABC

(dario)

RECETAS Y CONSEJOS

CAJITAS FRUTALES

Para guardar
el bigote de un ratón,
la cáscara
de un piñón.

Para guardar
las burbujitas de un pez,
la cáscara
de una nuez.

Para guardar
todas las horas del día,
la cáscara
de sandía.

Para guardar
de todo un poco,
una cáscara
de coco.

RECETAS VEGETALES

Con las hojitas del tilo,
se perfuma el cocodrilo.

Con las hojas del manzano,
llega el calor del verano.

Con hojas del membrillero,
se saca brillo el sombrero.

Con las hojitas del pino,
se hace la sombra el camino.

Con las hojas del peral,
te libras de todo mal.

Amén floral.

OTROS SIGNOS DE PUNTUACIÓN

Como puntos suspensivos,
yo siempre pongo
tres higos.

Y para la admiración,
una raja de melón.

En vez de acento,
un pimiento.

Y como punto final,
una mora del moral.

CONJUROS VEGETALES

Girasoles y sauces,
menta y tomillo,
para que peines
bien tu flequillo.

Flor de malva
y pie de gato,
para abrocharte
el zapato.

Pensamientos y violetas,
para adornar
tus coletas.

Orégano y yerbaluisa,
para agrandar
tu sonrisa.

ADORNOS VEGETALES

Pomelo
para tu pelo.

Regaliz
en tu nariz.

Hinojos
para tus ojos.

Manzanilla
en tu barbilla.

Tapioca
para tu boca.

Cerezas
para tus cejas.

Madroño
si llevas moño.

Y con nueces,
bien pareces.

NOMBRES VEGETALES

Si una niña
se llamase Amapola,
¿en lugar de cabeza
tendría corola?

Si un niño
se llamase Girasol,
¿giraría su cabeza
en la dirección del sol?

Y si fuese su apellido
Verde Limón,
¿tendrían un gajo amarillo
en lugar de corazón?

ADIVINANZAS

1

La A, anda.
La B, besa.
La C, reza.

¿Qué fruta es esa?

2

Es una letra
que viaja en tren
y está en el tres.

Y es una planta
para beber.

Se parece a un martí...
de carpinté...

¿Te la digo
de una vez?

3

Es la reina
de las frutas
y va siempre coronada
con una corona verde
sobre su cáscara grana.

4

Sabremos
si dice verdad
o
si miente,
cuando de ella germine
un tierno tallito verde.

JUEGOS

LA FLOR DEL SÍ Y DEL NO

La margarita
del sí.

La margarita
del no.

Todos sus pétalos
blancos
y amarillo
el corazón.

Que sí.
Que no.

EMPAREJAMIENTOS

Los árboles tienen nombres
vulgares:

Roble
Tejo
Sauce   *(amigos)*

Estos son árboles llenos
de ramas, hojas
y nidos:

Fresno
Olmo
Enebro
Pino

y científicos:

Quercus
Taxus
Salix   *(desconocidos)*

Estos son árboles
dibujados
con hermoso colorido:

Fraxinus
Ulmus
Juniperus
Pinus

Estos árboles tienen
un sitio en el suelo
definido.

Los toco...
Los huelo...
Los oigo...
Los miro...
Y los remiro...

Estos árboles tienen
un sitio en las páginas
de un libro.

Los miro...
Los miro...
Los miro...
Los miro...
Y miro.

CAMBALACHES

¡Lunares a dos reales!
¡Lunares a dos reales!

Cambio una dulce manzana
por azúcar de La Habana.

¡Lunares a dos reales!

Cambio jarabe de fresas
por pendientes de cerezas.

¡Lunares a dos reales!

Cambio caja de colores
por un ramito de flores.

¡Lunares a dos reales!

¿Lunares a dos reales?
¡Tú no estás en tus cabales!

AZUCENAS DE AZAR

Azul azucena,
zig-zag.
Zarzal y azafrán,
zig-zag.
Zozobra y azúcar,
zig-zag.

Azul azahar,
zorzal, zarzamora,
zarcillo, zumbar,
zurcir, zarzarrosa,
zarzuela y ¡zas!

¡Azul azucena de azar!
(Zig-zag)

DEL UNO AL CINCO

A la una,
el hueso de la aceituna.

A las dos,
las hojitas de la col.

A las tres,
las agujas del ciprés.

A las cuatro,
pie de gato.

A las cinco,
las flores de mi jacinto.

Salto
y brinco.

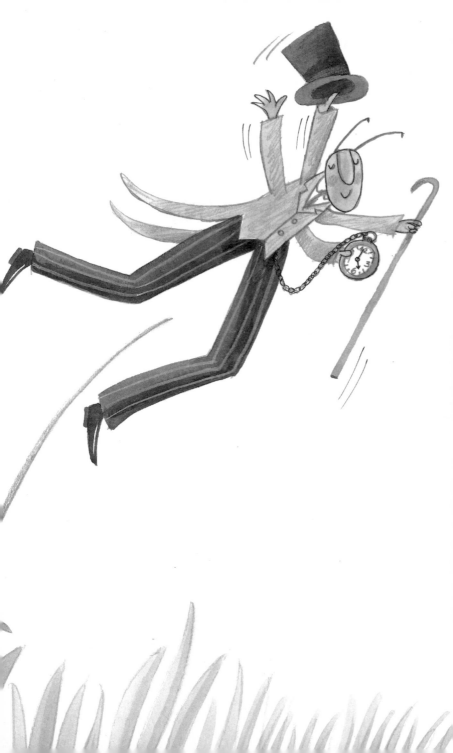

ECOS

Está la azucena
blanca de pena.

Sufren delirios,
los lirios.

Es candorosa,
la rosa.

Hila que hila,
la lila.

No me ama,
la retama.

Y se despide de mí,
el perfumado
alhelí.

ABEFLORARIO

Alhelí, Bambú, Clavel,
así empieza este abecé.

Dalia y Espino,
flores que adornan camino.

Fresa y Geranio,
flores de mesa y verano.

Hortensia, Ipomea, Jara,
flores rosas, flores blancas.

Kalanchoe, Lirio y Menta,
flores de lluvia y tormenta.

Narciso, Orquídea, Petunia,
flores de sol y de luna.

Quejigo, Romero, Salvia,
flores de ocaso y del alba.

Tulipán, Uña, Violeta,
flores de arriate y maceta.

La Weigelia y la Xicoria,
flores de molino y noria.

La Yuca y la Zarzamora,
flores de hora y deshora.

CALENDARIO DE SAN SEBASTIÁN

En enero, Sebastián,
flor de almendro, dulce pan.

San Sebastián en febrero,
pocos días, buen agüero.

En marzo, San Sebastián,
gran cosecha y gran tronar.

San Sebastián en abril,
lluvias y espárragos mil.

En mayo, San Sebastián,
cuando mejor grana el pan.

Y San Sebastián en junio,
con las rosas en un puño.

En julio, San Sebastián,
que trille el trigo el galán.

San Sebastián en agosto,
llovizna de miel y mosto.

En septiembre, Sebastián,
coge viña y manzanar.

San Sebastián en octubre,
siete lunas Luna cubre.

En noviembre, Sebastián,
simiente y bodas habrán.

San Sebastián en diciembre,
la nieve en la tierra prende.

SUMA DE ECOS

Del fondo de una granada,
hada,
que también era princesa,
esa
que desayuna manzana,
Ana
es su nombre y vive en vilo,
hilo
para zurcir terciopelo,
pelo
con coleta bien peinada,
nada
entre jugos de frutal,
tal
hada infeliz, ¡oh, sorpresa!,
presa
del fondo de una granada.

MÍNIMAS

PENSAMIENTO BREVE

Entre las flores,
los pensamientos
son de colores.

¡QUÉ EXTRAVÍO!

¡Qué extravío!
El poeta Rubén Darío
deshojaba en la placita
su *Margarita*.

EL SITIO DE LA FLOR

Las flores
en un ramo
tienen amo.

En un florero,
carcelero.

Junto al río,
libre albedrío.

FLORABRAS

Cuando las flores
hablan
   y hablan
      y hablan,
no dicen
palabras
dicen *florabras*.

NOMEOLVIDES

Cuando se marcha
tu amigo,
le despides.

Y al terminar
este libro,
te regalo
un nomeolvides.

Índice

Escribieron 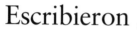 y dibujaron...

Antonio
Rubio

—*¿Cómo comenzó a escribir para niños?*

—Me recuerdo escribiendo desde la adolescencia. Y concretamente para niños desde mi primer contacto con la escuela. A partir de ese momento siempre compartí con los niños el ejercicio de leer, amar los libros, recitar y escribir.

—*¿Piensa que a los niños les gusta la poesía?*

—Sí que les gusta. La poesía siempre ha jugado un importante papel en la educación de la infancia. Nos han mecido al arrullo de nanas, nos han mostrado el mundo a través de rimas y por medio de sortilegios poéticos hemos jugado y crecido.

—*¿Existe una relación entre, la rima, la métrica, los temas y la edad de los lectores?*

—La poesía infantil debe ser muy rítmica, muy medida, muy eufónica, muy aseguradora. Yo me guío por

las pautas sabias de la tradición oral: en los primeros tres años, el espacio del juego y del canto es el propio cuerpo del niño (nanas, rimas corporales...); de tres a seis, el espacio es externo (cantos de corro, comba, suertes...); y de seis a nueve, el propio lenguaje es el espacio del juego (trabalenguas, adivinanzas...).

—*¿Cual es la mejor edad para acercarse a la poesía?*

—Cuanto antes mejor. No hay que olvidar que el niño cuando llega a la escuela, aunque sea a la temprana edad de pocos meses, ya tiene un bagaje poético (y si no lo tiene, deberíamos procurárselo). Su madre y su padre le regalaron nanas y primeras rimas corporales. La escuela debe continuar esta educación estético-literaria.

Teresa Novoa

Teresa Novoa nace en 1955. Aunque sus comienzos en la ilustración se remontan a su etapa de estudiante de Arquitectura, es a partir de 1990 cuando su dedicación es exclusiva. Ha ilustrado libros de texto, ha colaborado en prensa y ha escrito e ilustrado varios cuentos. Versos vegetales *es su tercer libro de poemas ilustrado en esta colección. ¿A la hora de ilustrar un libro de poesía para niños el planteamiento debe ser diferente al de un libro de poemas para adultos?*

—El planteamiento es el mismo. Quizá sean algo diferentes los elementos que utilizo en la ilustración pero estos vienen dados también por el propio poema.

—¿Considera que la ilustración ayuda a los niños a aproximarse a la poesía?

—Seguramente sí. Creo que les puede ayudar a comprender o a recrear ciertas imágenes poéticas.

—*¿Cómo se ha planteado el trabajo en este libro de Antonio Rubio?*

—En algunos poemas el planteamiento ha sido muy sencillo: he transformado las palabras en imágenes. Otros me han sugerido personajes o historias que aparentemente poco tienen que ver con el poema, y me he dejado llevar.

SOPA DE LIBROS

OTROS TÍTULOS PUBLICADOS

A PARTIR DE 8 AÑOS